Defensa personal y Asertividad

para mujeres y niñas

Jens Müller

Defensa Personal

y

Asertividad

para

Mujeres y Niñas

En el caso de un ataque, luchar bien lo es todo

Books on Demand

Defensa Personal y Asertividad
Para mujeres y Niñas

Información bibliográfica de la Biblioteca Alemana:
La biblioteca alemana registra esta publicación en la bibliografía nacional alemana. Los datos bibliográficos en detalle se encuentran disponibles en internet bajo el link http://dnb.ddb.de.

Crédito de las fotos:
Todas las fotos y la edición de fotos:
Detlef Sundermann, reportero gráfico.

Traducción al español:
Maribel Guzmán Neira, traductora e intérprete.

Este libro también está disponible en inglés y alemán.

Producción y publicación:
BoD - Books on Demand, Norderstedt
ISBN 978-3-7481-0890-0

Contenido

Prólogo

El presente libro está destinado a servir como herramienta y guía a las mujeres sin experiencia en artes marciales, para poder defenderse efectivamente contra acosos o ataques de cualquier tipo.

Se eligieron técnicas que se puedan aprender en poco tiempo y no necesiten años de entrenamiento en las artes marciales.

Por lo tanto, se prescindió deliberadamente de las técnicas de lanzamiento, considerando el hecho que una mujer generalmente está en desventaja ante un hombre, debido a las condiciones físicas naturales (tamaño, peso, fuerza física).

Este inconveniente se compensa con la alta eficiencia de las técnicas, de manera que incluso una mujer menuda puede defenderse eficazmente contra un hombre más alto, más pesado y más fuerte que ella.

Sin embargo, se debe tener en cuenta un factor decisivo que incluso en este libro no se puede abarcar:

¡La práctica hace al maestro!

Solo con la práctica frecuente y la continua repetición se puede garantizar una ejecución fluida e instintiva de las técnicas y movimientos.

Jens Müller   Septiembre 2018

El autor

Jens Müller, nació en 1964 y comenzó a practicar yudo a la edad de ocho años, convirtiéndose en un competidor exitoso. Actualmente es portador del quinto Dan (cinturón negro) en este deporte y posee la licencia Trainer-C.

Además, Jens Müller ha estado practicando Karate Shotokan durante más de 20 años y Ninjutsu y Modern Self Defense (MSD Defensa Personal) durante 15 años. Adicionalmente, el autor tiene conocimientos de Ju-jutsu, Tanto-Jutsu (lucha con cuchillo) y Aikido.

El autor trabajó durante más de 20 años como entrenador y monitor de ejercicios de yudo para niños y adultos, y dedicó alrededor de 10 años para enseñar karate a niños.

Debido a sus múltiples conocimientos en artes marciales, en 1987, Jens Müller comenzó a crear cursos de defensa personal, especialmente diseñados para mujeres. Los cursos están compuestos por los métodos de artes marciales practicados por el autor y mencionados anteriormente. Jens Müller realizó estos cursos de defensa personal para mujeres, en un colegio comunitario de talleres para adultos en el área Rin-Meno, Alemania, donde fue profesor por varios años.

Debido a que el autor trabaja tiempo completo en un banco en la ciudad de Frankfurt, él ya no ejerce como entrenador y mentor para niños en esta área. Sin embargo, durante su tiempo libre, él se dedica a enseñar defensa personal a mujeres y es además un activo deportista de las artes marciales.

Jens Müller está casado y tiene un hijo. Él vive con su familia cerca de la ciudad de Frankfurt, en Alemania.

Bases legales

Legítima defensa § 32 Código Penal

(1)   Quien cometa un hecho que está admitido por la legítima defensa, no actúa antijurídicamente.

(2)   Legítima defensa es la defensa que es necesaria para conjurar una agresión actual antijurídica para sí mismo o para otro.

§ 32 (2) También permite realizar la defensa para otra persona. En tal caso se denomina ayuda de emergencia.

§ 33. Exceso en la legítima defensa

Si el autor excede los límites de la legítima defensa por confusión temor o miedo, entonces no será castigado.

Al exceder la legítima defensa se califica como una defensa que va más alla de la protección de un ataque.

Asertividad

Todas las personas tienen miedos; algunas tienen más y otras menos. En principio, el miedo en si no es necesariamente negativo, porque sirve para advertir a las personas sobre los peligros.

Hay muchas formas de miedos: claustrofobia, miedo ante los exámenes, miedo a perder un trabajo, miedo a subirse a un elevador, miedo a las alturas, etc.

Por ejemplo, si una mujer es molestada o incluso agredida físicamente es completamente normal que ella sienta miedo en esta situación. Este miedo debe superarse, de lo contrario, pronto será inducida a asumir el rol de víctima, del cual es difícil salir nuevamente.

Sin embargo, para salir del rol de víctima, primero es necesario lidiar con el miedo.

Entonces, ¿cómo aprendemos a manejar el miedo? Antes que nada, debes aceptar el miedo, enfrentarlo, luchar contra él y vencerlo.

El factor determinante es la actitud mental. "La fe puede mover montañas". Este es un refrán muy conocido. Bueno, tal vez la fe no pueda necesariamente mover montañas, pero la esencia de esta declaración es bastante poderosa.

Uno debe primero lidiar con una situación y prepararse mentalmente para ella. De esta manera, nada ni nadie te sorprenderá más.

Un ejemplo: supongamos que hay una tabla de 50 cm de ancho y aprox. de 3 metros de largo en el piso y una persona debe caminar por encima de ella. No hay problemas, pues es una tarea fácil de hacer. Ahora supongamos que la misma tabla no está en el suelo, sino sobre dos troncos de 5 metros de alto y la persona debe realizar la misma tarea. ¿Todavía no hay problemas?

¿Y por qué ahora sí hay un problema? Es la misma tabla, no se ha modificado. Nada ha cambiado, excepto la altura. Pero ese es justamente el punto determinante, porque uno piensa en todo lo que podría pasar.

Exactamente lo mismo sucede en defensa personal. Tienes que lidiar con la situación y prepararte mentalmente para ello. Tienes que querer defenderte.

Cada mujer decide por si sola si quiere defenderse. Si ella toma esta decisión, entonces debe hacerlo de manera consecuente y persistente. Puesto que ella tendrá éxito solo con esta actitud interna.

Si la defensa se realiza con poco entusiasmo, entonces falta la condición esencial y aumentará la probabilidad de tener una derrota.

No tienes que matar al atacante de inmediato, pero debes dejarlo fuera de combate. Porque en un segundo ataque, usted generalmente tendrá muy pocas posibilidades, ya que el agresor procederá ahora de forma más agresiva, brutal e implacable que la primera vez.

Todas las personas tenemos una zona de protección natural. Por ejemplo, esto se puede observar a menudo en la sala de espera del doctor. Si un paciente ya está sentado en la sala de espera y llega uno nuevo, generalmente éste no se sienta al lado del que ya está esperando, sino que deja una o dos sillas libres y se sentará a cierta distancia.

Esto se relaciona con la zona de protección natural de las personas y es también de gran importancia en la defensa personal.

Por ejemplo, si una mujer esta caminando por un parque o un área aislada en la oscuridad, ella notará instintivamente cuando otra persona se acerca demasiado a ella e invade su zona de protección. Si la otra persona pasa a una distancia aceptable, esto no se percibe como una amenaza.
Entonces hágale caso a su presentimiento o instinto.

Otro ejemplo: usted camina todas las noches sin miedo por un área oscura. Pero una noche es diferente. Por alguna razón inexplicable esa noche usted tiene miedo o al menos se siente asustada y no quiere caminar por la ruta habitual a través del área oscura. ¡Entonces no lo haga! Elija esa noche una ruta diferente o un modo alternativo de transporte.
Algunas mujeres poseen un llamado "sexto sentido", es decir, ellas tienen presentimientos (corazonadas). Tal vez la noche siguiente usted pueda caminar sin miedo por la ruta habitual.

Además, los conflictos se pueden evitar también mediante el comportamiento no verbal. Por ejemplo, existe el "clásico tipo victima". Estas mujeres caminan apegadas a una pared, con la cabeza agachada y los hombros caídos, con la vista hacia el suelo y con frecuencia miran temerosamente a su alrededor. Por supuesto que un delincuente reconoce este comportamiento o esta proyección en las personas y por esta razón selecciona a sus víctimas.

Así que vuelvo a lo anterior. Antes que nada, estudien la situación. Si usted realmente necesita pasar por un área oscura, primero piense en la manera cómo usted debe transitar por ese camino. No demuestre miedo a pesar que lo tenga. Un delincuente potencial no tiene que saber esto y ciertamente no lo notará inmediatamente.

En realidad, actúe un poco. Camine con pasos firmes, mirando al frente, con los hombros erguidos. Si oye pasos detrás de usted, puede detenerse y darse la vuelta. Pero ponga una "cara de póker" (inexpresiva). No existe una receta mágica, pero a veces puede tener sentido dirigirse a una persona que nos viene siguiendo y decirle: "Oiga, hace rato que usted viene siguiéndome, ¿le sucede algo? ¿Necesita ayuda?". Cuando usted mira a esta persona directamente a los ojos y mantiene el contacto visual, demostrando determinación, puede que esto sea suficiente para aclarar o calmar la situación. O deténgase y deje pasar a la persona, fingiendo buscar algo en su bolso o haciendo las veces que necesita hacer una llamada con su teléfono móvil. Un consejo: no tenga miedo de marcar el número de emergencia de la polcicia en este caso, porque para este tipo de situaciones se creó este número. Esto me lo han dicho los mismos oficiales de policía con quienes trabajo en mis cursos de defensa personal.

Por otro lado, se aconseja dar avisos. Es decir, si usted necesita ir a su casa desde un lugar determinado, llame a una persona de confianza y dígale que va en camino. O acostumbre a llamar a la persona de la cual se despidió, cuando haya llegado a su casa. De esta manera, si usted se tarda más del tiempo habitual en llegar a casa, es posible que la persona avisada notifique a la policía de este hecho.

Si en el camino a casa, usted se siente amenazada por una persona, cámbiese al otro lado de la calle y observe qué sucede después. ¿Cambia la persona el lado de la calle también? Si es así, cruce nuevamente al otro lado de la calle. Si la persona continua siguiéndola, entonces debe tomar medidas de defensa (Hablarle a la persona, eventualmente dirigirse a otras personas que esten cerca, pedir ayuda por teléfono celular, etc.).

Si usted está conduciendo por el tráfico de la ciudad, cierre las puertas del auto con seguro. De esta manera, evita que le abran repentinamente la puerta del conductor o del pasajero para que no se suban desconocidos inesperadamente a su auto.

Pero, como ya se mencionó en otra parte de este libro, no existe una solución ideal. Cada caso es diferente. No se puede ensayar un caso de emergencia, porque en estas situaciones uno se encuentra naturalmente nervioso, con miedo y en abosoluto estrés.

En las peleas callejeras no existen las reglas y, como consecuencia, no hay imparcialidad. Por lo tanto, todo está permitido.

A continuación, lea y observe cómo defenderse en caso de una emergencia.

Defensa Personal

Técnicas de choque (provocar shock)

La defensa directa a un ataque y a un contraataque a veces puede ser problemática, debido a la superioridad robusta del atacante. Por lo tanto, se aconseja iniciar siempre el propio contraataque usando una "técnica de choque" (provocar shock) o técnica de distracción. Esto significa, que usted debe distraer al atacante de su técnica principal. Esto sucede por ejemplo cuando usted le grita al atacante. El llamado "Kiai" (grito de combate) cumple varios fines. Por un lado, el grito de la persona amenazada sirve para reducir su propio miedo, que sin duda existe en una situación tan estresante. Y por otro lado, el grito irrita al atacante por 1-2 segundos. Usted debe usar este breve tiempo para ejecutar su propia técnica de defensa. Otro propósito del grito "Kiai" - dependiendo de la situación y las condiciones locales – e aletar a los transeúntes para que se den cuenta de la situación e incluso le brinden ayuda. Sin embargo, uno no debería confiarse de esto, ya que a menudo los transeúntes solo observan los eventos desde una distancia segura. Pero una vez que usted haya leído detenidamente este libro, tampoco necesitará ayuda, porque podrá resolver la situación a su favor por si sola .

Otras "técnicas de choque" o "técnicas de distracción" son, por ejemplo, una patada en la tibia del ofensor, una patada en su pie, etc.

Postura para enfrentar al atacante

Es desfavorable encarar al oponente de frente, porque de esta manera uno le ofrece la mayor superficie de ataque posible.

Es mejor ubicarse lateralmente, para minimizar la superficie de ataque.

A veces, puede que usted no tenga la oportunidad de pararse lateralmente al atacante. Sin embargo, existen algunas posiciones que - en un ataque - pueden servirle tanto como una protección y como también una defensa contra el agresor.

En esta foto se puede apreciar que el peso del cuerpo está centrado en la pierna trasera. Por lo tanto, uno puede ejecutar patadas con la pierna delantera.

Con el brazo izquierdo se puede evitar fácilmente un golpe en la cabeza o el cuerpo y, como contraataque, se puede ejecutar una patada por ejemplo.

Además, es ventajoso usar el propio peso corporal para aumentar la eficacia de su propia técnica. Esto se ilustrará con el ejemplo del empujón. En el primer ejemplo, una persona es empujada solo con el brazo, sin usar el peso corporal.

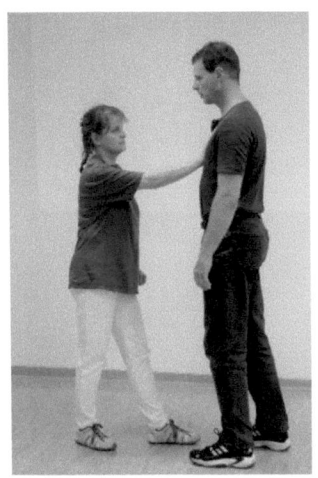

Sin embargo, en el segundo ejemplo, se usa el propio peso corporal para empujar al atacante. Se puede apreciar claramente que el efecto es mucho más intenso.

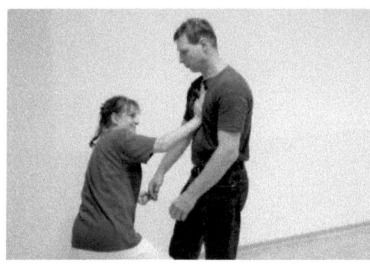 

Defensa contra el acoso

A continuación mostraré algunas técnicas para la defensa contra el acoso. Estas técnicas son relativamente inofensivas, pero muy efectivas.

Palanca de pulgar

Esta es una técnica de defensa que se aplica, cuando te agarran de la solapa. El pulgar del atacante será "apalancado" (levantado) o apretado. Esto se hace agarrando y apretando la segunda extremidad del pulgar del atacante con los dedos índice y pulgar. La punta (la primera extremidad) del pulgar se presiona hacia atrás, hacia la muñeca del agresor.

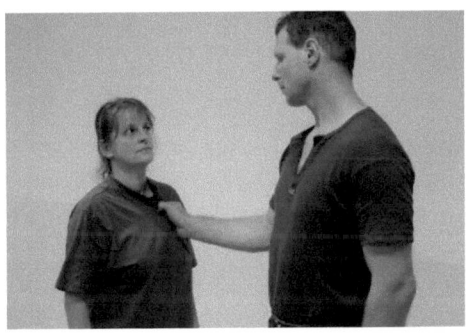

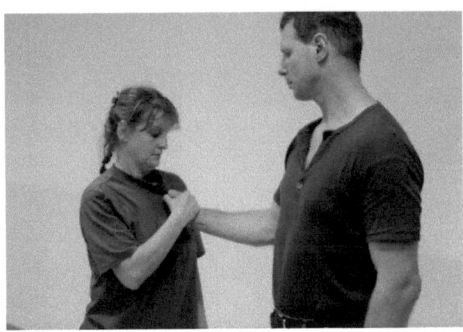

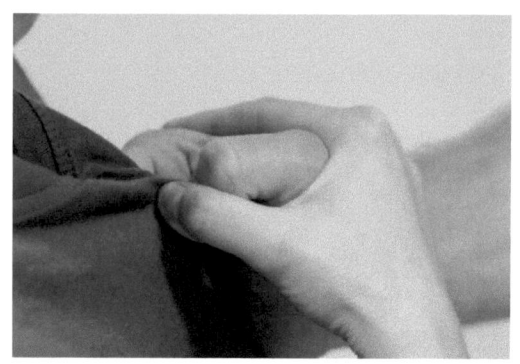

Multiple Shin Kick (Patada Muay Thai)

Pisar el pie del atacante o patear en la tibia. Esto también se puede hacer en el contexto de una reacción en cadena, es decir, primero se ejecuta una patada contra la tibia del acosador. Cuando éste retroce por el dolor, se ejecuta nuevamente una patada contra la otra tibia del agresor. Luego él retrocederá un paso, entonces se ejecuta la siguiente patada nuevamente contra la tibia del pie delantero, y así sucesivamente. De esta forma usted irá empujando al atacante, hasta que éste huya.

<u>Pinchazo en la tráquea</u>

Otro método muy efectivo es punzar la tráquea del atacante con sus dedos índice y medio (cavidad debajo de la laringe) y empujarlo hacia atrás.

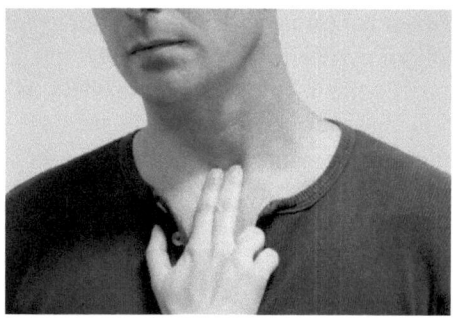

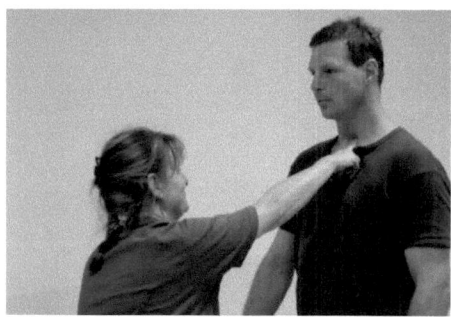

Postura del puño

Tanto en la defensa como en el contraataque, es indispensable apretar bien el puño para protegerse. Para mayor claridad, a continuación explicaremos la forma y la postura correctas del puño.
La mano abierta se enrollará, comenzando desde el dedo meñique y terminando con el dedo índice. El pulgar se coloca delante de los dedos enrollados, para protegerlos de lesiones. De ninguna manera se dejará el pulgar dentro del puño, ya que esto puede provocar lesiones en el pulgar o en la cápsula articular.

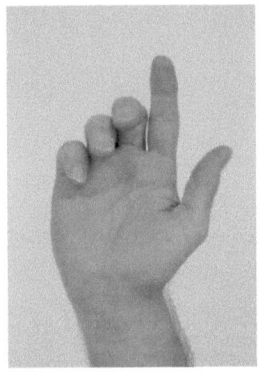

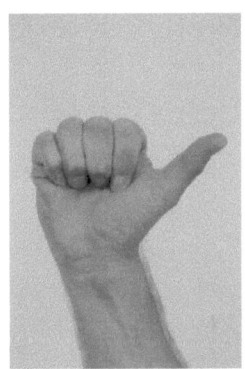

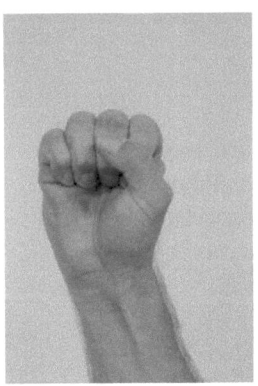

Por si fuera necesario, se debe mencionar que la superficie de impacto en un golpe de puño generalmente abarca los nudillos de los dedos índice y medio, los cuales son los más resistentes.

Como mencionado anteriormente en la parte teórica, no existen reglas en defensa propia (o pelea callejera), por lo tanto, en un caso de emergencia lo más importante es acertar el objetivo con el golpe, más que el objeto con que se golpeará.

Usted puede practicar los golpes de puño en objetos suaves, como por ejemplo, la almohada, el sofá, el colchón o similares. La persona que desee invertir un poco de dinero, puede comprar también un saco de boxeo o un cojín ("Makiwara") en la tienda de deportes.

La defensa

La defensa por bloqueo de antebrazo es una de las técnicas de defensa más comunes. Por esta razón, se analizará con más detalle a continuación. La experiencia demuestra que las mujeres tienden a veces a realizar el bloqueo de antebrazo de manera superficial o débil. Esto significa que la defensa será ineficaz y, por lo tanto, el ataque lográra su objetivo. Pero esto es justamente lo que se pretende evitar. Por lo tanto, la defensa de un golpe (un bloqueo de antebrazo) debe llevarse a cabo de manera consistente y con la misma fuerza que un contraataque. La mejor manera de realizarlo es empuñando la mano, porque con esta postura los músculos del antebrazo están tensos. Al hacer la defensa por bloqueo de antebrazo con la mano abierta, los músculos del antebrazo están relajados y sueltos. Por este motivo, es mucho más efectivo empuñar primero la mano, antes de ejecutar las técnicas de defensa.

Las fuerzas que se originan al impactar el brazo del atacante contra el brazo del defensor son tan enormes que pueden ocurrir lesiones. Este riesgo de lesión se reduce con la postura del puño y la tensión resultante de los músculos.

A continuación mostraremos algunas variantes de bloqueos de antebrazo.

Bloqueo de antebrazo hacia arriba

Bloqueo de antebrazo hacia el centro, desde afuera hacia adentro

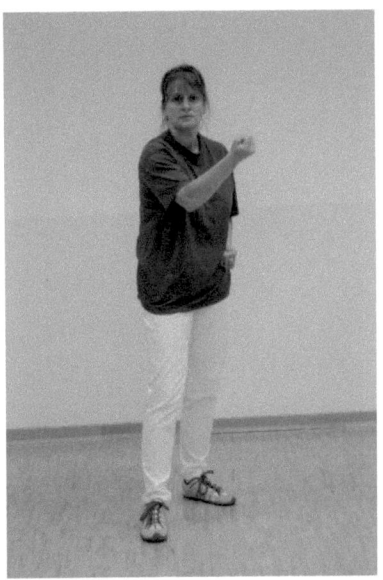

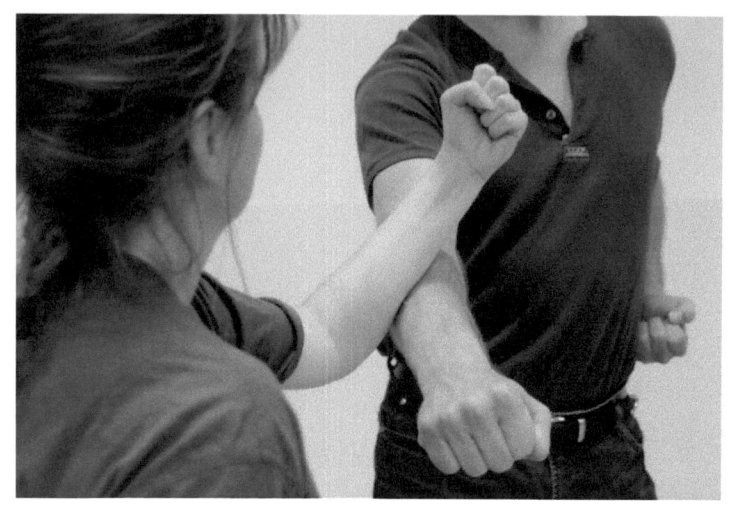

Bloqueo de antebrazo hacia abajo, desde afuera hacia adentro

Defensa contra un golpe a la cabeza (Puñetazo / bofetada o similares)

Se enfrenta al atacante en postura lateral de defensa y ya tiene las manos empuñadas. La defensa se realiza idealmente en forma paralela, es decir, si el agresor ataca con su mano derecha, usted bloqueará el ataque con su brazo izquierdo (bloqueo del antebrazo hacia arriba). Inmediatamente después, realice el contraataque con un golpe en la nariz (fractura nasal) o en el mentón. Enseguida, ejecute una patada en los testículos. Como resultado, el oponente estará incapacitado. La defensa y el contraataque deben llevarse a cabo con el grito de combate (técnica de choque). Por supuesto que se puede cambiar el orden de las dos técnicas de contraataque. Puede ser primero la patada a los testículos y luego ejecutar el golpe de puño.

Defensa contra el agarre en la manga o en el hombro

En este caso el atacante le agarrará por la manga. La defensa comienza con un golpe en los bíceps del atacante (este golpe se lleva a cabo con el brazo donde fue agarrada la manga). Luego, ubique su brazo desde arriba en el codo del atacante. Después, realice una palanca de brazo o codo, moviendo su brazo hacia adelante. Al mismo tiempo, ejecute una patada a la pierna (en la corva de la rodilla o en la pantorrilla) del atacante. El atacante caerá al suelo. Ahora usted continúa con más patadas y golpes de puño, con los cuales se incapacitará al atacante.

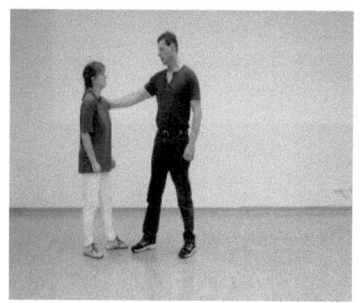 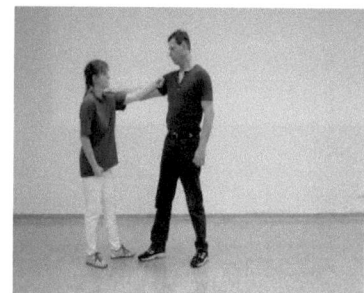

 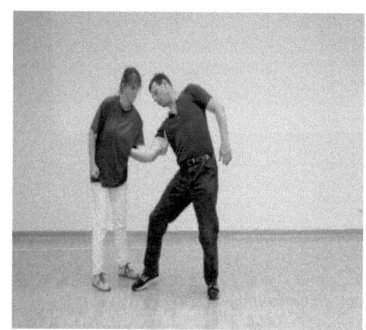

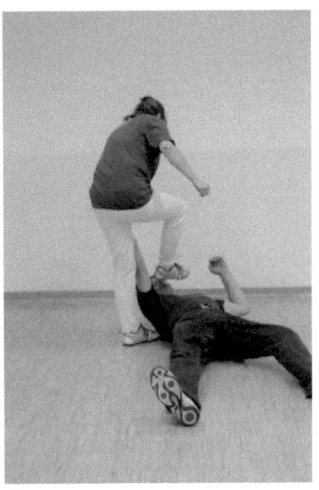

Otra posibilidad es ubicar su brazo, desde abajo, en el codo del agresor, en vez de hacerlo desde arriba. Su mano se mueve hacia el hombro del atacante. El factor decisivo para el éxito o el fracaso de esta técnica es que usted ubique su brazo detrás del codo del atacante (desde la perspectiva de la defensora). De esta manera se lleva a cabo una palanca de brazo. Al mismo tiempo, con su otra mano sujeta e inmoviliza la mano del atacante, para evitar que éste se suelte y se escape del contraataque. El atacante se inclina hacia adelante para aliviar el dolor de la palanca. Entonces usted ejecuta ahora una patada en la parte superior del cuerpo o en la cara del atacante.

Defensa contra la asfixia

Asfixia por delante

Cuando se asfixia a una persona por delante, la distancia entre el atacante y su víctima es muy corta. En general, se estrangula con los brazos doblados, porque de esta manera se puede ejercer más fuerza que con los brazos estirados. Debido a la corta distancia existente, la defensa será más fácil. Primero, se realiza un golpe de rodilla en los testículos. Inmediatamente después, sigue un ataque al rostro del atacante; ya sea punzar los ojos con los dedos o ejecutar un golpe de puño en la nariz del agresor. Este golpe provocará una ruptura del hueso nasal y, por lo tanto, el atacante estará incapacitado. Una nariz rota causa un gran dolor y mucho sangrado. Sin embargo, para asegurarse, se puede ejecutar adicionalmente un golpe de codo o puño en la cabeza. Esto es opcional.

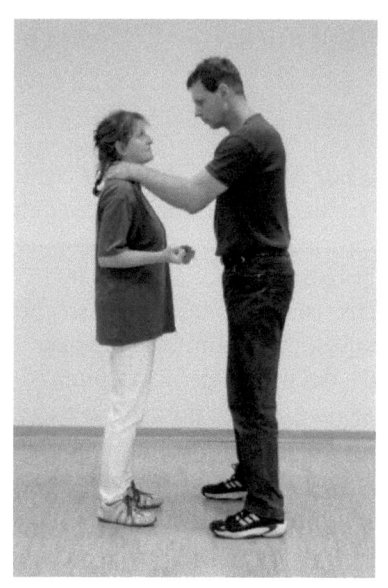

Asfixia por atrás con los brazos doblados

En este caso, tenemos la desventaja que usted no puede ver al atacante. Entonces usted debe preparar su defensa, usando las técnicas de choque o distracción. Para ello realice patadas hacia atrás, con el objetivo de alcanzar el pie o la pierna del agresor. Al mismo tiempo se ejecutan golpes de codo. De esta manera, el atacante soltará el estrangulamiento y usted aprovechará la ocasión para usar su mano y agarrar uno o dos dedos del atacante y tirarlos bruscamente hacia el lado. De esta manera usted provocará una fractura en los dedos. Con esto usted suelta el estrangulamiento, se da la vuelta y se defiende con golpes de puño, golpes de codo o patadas.

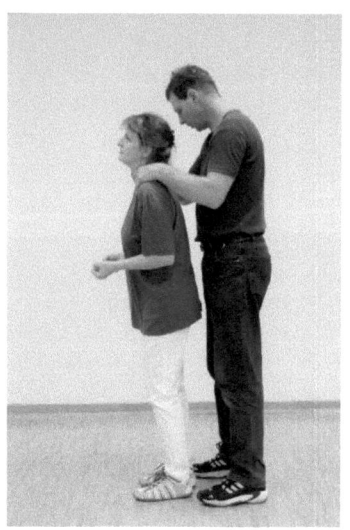 

44

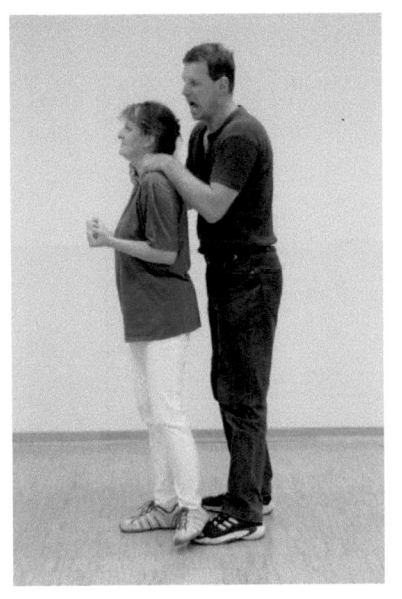

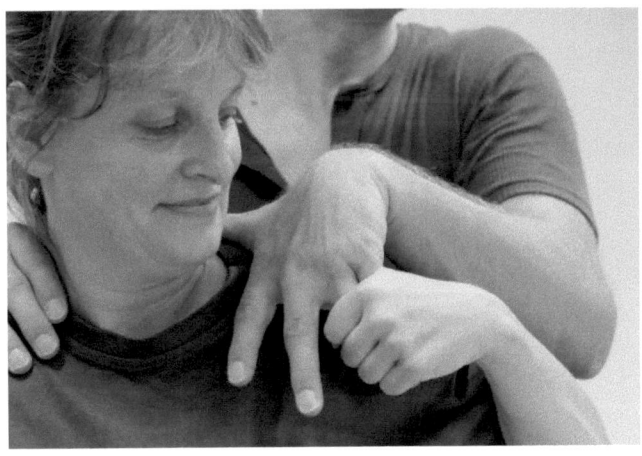

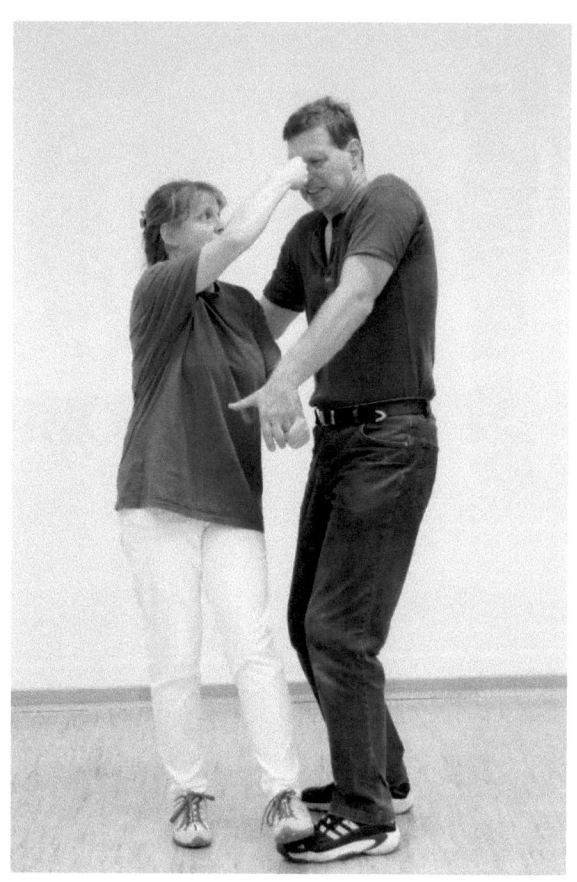

Asfixia por atrás con un brazo

En este ataque, la distancia es tan corta como en la primera
técnica de defensa, que es posible ejecutar un golpe de cabeza
hacia atrás. A continuación, le siguen nuevamente patadas en
el pie o en la tibia del atacante. Y finalmente, se agarran
nuevamente uno o dos dedos y, como ya se mencionó
anteriormente, se tiran bruscamente hacia un lado para soltar
el estrangulamiento. Y para concluir, se ejecutan nuevamente
golpes de puños y patadas.

Defensa contra la llave de cabeza (headlock)

Esta defensa se puede usar tanto en la llave de cabeza por delante como también por detrás. Nuevamente, aquí tenemos una distancia bastante corta entre el atacante y la víctima, asique se puede ejecutar fácilmente un golpe de puño en el área genital. Previamente, usted puede pellizcar con la otra mano el muslo del atacante, como una técnica de distracción. Después de golpear los testículos, agarre uno o dos dedos del ofensor y fractúrelos, tirándolos bruscamente a un lado. De esta forma, usted logrará liberarse de la llave de cabeza. Por razones de seguridad, ejecute patadas y golpes de puño, para garantizar que el agresor está fuera de combate.

Llave de cabeza por delante:

Llave de cabeza por detrás:

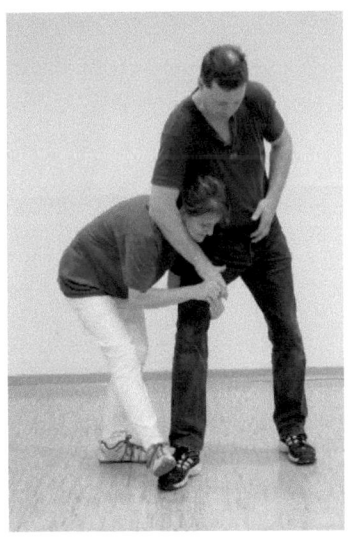

Defensa contra el abrazo estrangulador

Abrazo estrangulador desde atrás, por debajo de los brazos

En este caso, se ejecuta un golpe de cabeza hacia atrás.
Después de eso, ejecute patadas y al mismo tiempo golpee con
su puño las manos del atacante. A continuación, desenganche
este agarre, tirando fuertemente uno o dos dedos hacia los
lados. Después que se haya liberado de este agarre, ejecute
patadas y golpes de puño contra el agesor, como un
contraataque.

Abrazo estrangulador desde atrás, por encima de los brazos

Primero, ejecutar nuevamente un cabezazo hacia atrás y patadas. Después se afloja el agarre, tomando bruscamente una "posición de jinete". Es decir, las nalgas se ubican hacia atrás y los brazos se estiran hacia delante. Después, se desengancha este agarre con la ya mencionada fractura de dedos del atacante. Al final, ejecutar nuevamente patadas y golpes de puño al agresor.

Abrazo estrangulador desde adelante, por debajo de los brazos

Aquí, se puede realizar un cabezazo hacia adelante, en dirección a la cabeza del atacante. Alternativamente, puede usar sus dedos o pulgares para pinchar los ojos del atacante. Aplicar un puñetazo en la naríz del agresor es también muy efectivo. Ejecutar un rodillazo en el área genital también es imprescindible en esta defensa. Los golpes de codo a la cabeza del atacante son igualmente muy efectivos en este caso. El agresor desenganchará automáticamente el abrazo estrangulador.

Abrazo estrangulador por delante y por encima de los brazos

Aquí la única opción es dar un cabezazo contra la cabeza del atacante. Esto debería ser seguido por un rodillazo en los genitales. Para prepararse para esto, es recomendable ejecutar pisadas / patadas contra la tibia del atacante.

Defensa para el combate en el suelo

Incluso actuando con todo cuidado y cautela durante estos ataques, puede suceder que usted caiga al suelo. Esto puede deberse a diferentes causas, como por ejemplo que usted tropiece o que el atacante la empuje, la arrastre o la arroje al suelo. De todos modos, la situación no está perdida. También hay numerosas técnicas de defensa para el combate en el suelo, que aparentemente es considerada la peor posición. Ennumerar las técnicas ahora no daría a basto en este libro. Por lo tanto, solo describiré algunas de las técnicas que yo he seleccionado para este tema.

En primer lugar, es importante y fundamental ponerse en la posición decúbito dorsal o lateral, para que uno pueda vigilar al atacante y asi tomar las medidas adecuadas para poner resistencia al ataque. Apóyese con un antebrazo sobre el piso y mantenga al atacante a distancia con patadas. Si es necesario, gire el otro lado del cuerpo para cambiar la posición.
O vaya girando sobre las nalgas, mientras ejecuta las patadas.

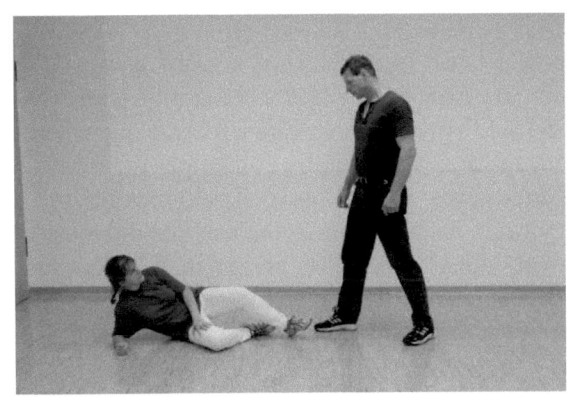

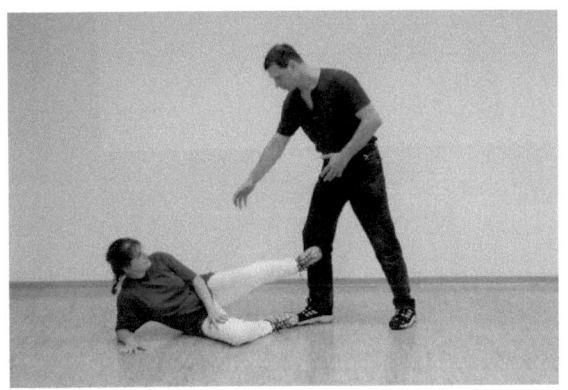

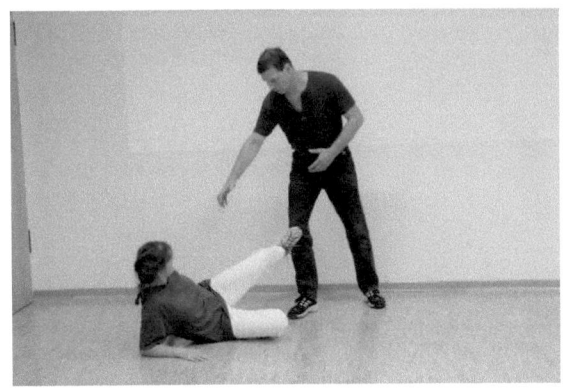

Si usted no alcanza a hacer esto y el agresor logra agarrarla, intente interponer su pierna entre usted y el atacante para crear una cierta distancia. El agresor ahora está tan cerca que usted puede atacarlo en su cara, por ejemplo, con golpes de puño, de codos o punzando los ojos. Luego agarre el pelo o el hombro del delincuente y tírelo hacia un lado, con la ayuda del muslo. Su muslo se moverá desde la posición horizontal a la posición vertical. Este apalancamiento ayuda a quitar de encima y tirar a un lado a un hombre que es físicamente más pesado que una mujer.

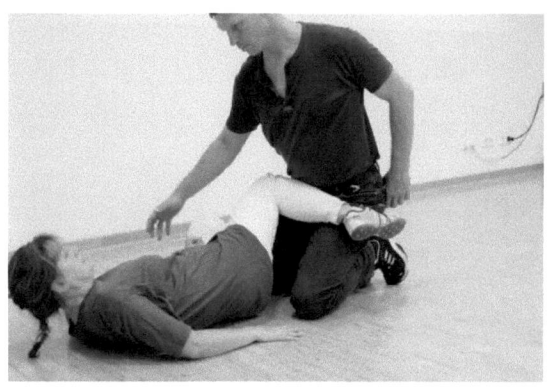

La siguiente técnica describe el caso en que usted - como víctima - no puede interponer su pierna contra el atacante. Entonces ahora el agresor está entre sus piernas y se inclina sobre usted. En este caso se usará la llamada "tijera de riñón". Esto significa que usted envolverá con sus piernas las caderas del hombre y las cruzará por atrás. Después apriete sus piernas violentamente. Con este movimiento se aplastan los riñones del agresor, lo que será muy doloroso para él. Sin embargo, usar sólo esta técnica no es suficiente para la defensa. Aún falta ejecutar los golpes a la cara del delincuente (revisar la técnica anterior). Y si la situación lo permite, también se puede dar un golpe en la laringe, no obstante esto podría provocar posiblemente la muerte del atacante. Si usted no puede ubicar sus piernas alrededor del abdomen del atacante, entonces debe patear los riñones del agresor con sus talones tantas veces como sea posible.

Patadas

Entre las patadas, tenemos la patada hacia adelante, hacia un lado y hacia atrás. Todas las patadas comienzan de la misma manera. Al ejecutar una patada, es importante mantener el equilibrio y no caerse. Por lo tanto, se doblan levemente las rodillas antes de patear, para reducir el centro de gravedad y garantizar un equilibrio seguro. Se levanta la pierna hasta que el muslo se encuentre en un ángulo de aproximadamente 90 grados con respecto al cuerpo. Se levantan los dedos de los pies.

Posición inicial para todas las patadas:

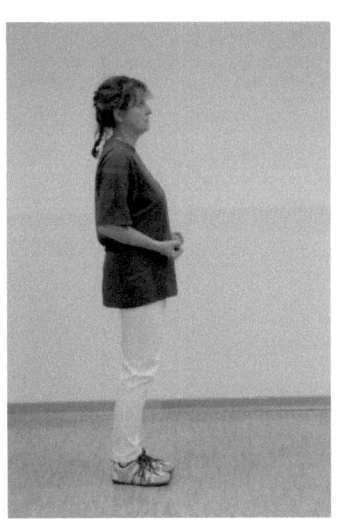 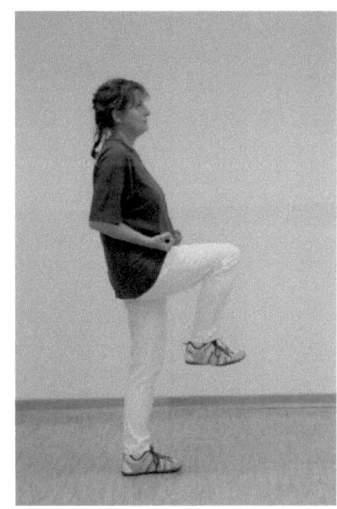

Para ejecutar una patada hacia adelante, se parte de esta posición inicial y se estira la pierna hacia adelante. La base del pie también se estira hacia adelante, mientras que los dedos de los pies se estiran hacia atrás. Entonces no se patea con los dedos de los pies, sino con la base del pie. Ahora se retira el pie a la posición inicial y, por lo tanto, el agresor no podrá agarrarlo. Si el atacante agarra su pie o pierna, existe la posibilidad de que usted pierda el equilibrio de su cuerpo. Además, no deje su posición segura innecesariamente.

Solo después de que el pie haya vuelto a la posición inicial, se bajará nuevamente en el suelo.

65

Para la patada lateral, la pierna se estira hacia un lado. La superficie de golpe es el empeine exterior. Para una práctica más fácil, puede recordar esto como "mnemotecnia", que para ejecutar la patada, se lleva el talón un poco hacia adelante y la punta del pie o los dedos de los pies se tiran hacia atrás. Incluso después de la ejecución de este movimiento lateral, la pierna se devuelve a la posición inicial (ángulo de aproximadamente 90 grados) y solo después se deja en el piso.

67

La patada hacia atrás también se aplica desde la posición de 90 grados. La superficie de golpe es esta vez el talón, es decir, se estiran los dedos de los pies hacia la rodilla. Por supuesto,en este caso un factor esencial es la mirada hacia atrás. Después de todo, usted tiene que ver a dónde pateará. Asimismo, la pierna se llevará nuevamente a la posición de 90 grados, antes de bajarla al piso.

En la llamada "patada baja" (Lowkick) no se patea en forma recta (como en las patadas hacia adelante, hacia los lados, hacia atrás), sino en semicírculo o cuarto de círculo. La superficie de golpe es el empeine. Es preferible patear detrás de la rodilla, contra la pantorrilla o el muslo del agresor.

Defensa contra las patadas

Hay varias formas de defenderse de una patada. A continuación se explican algunas técnicas de defensa.

Usted está en posición defensiva. Se empuñan las manos para tensar los músculos del brazo.

Defensa desde afuera hacia adentro

Usted anulará la patada mediante un movimiento lateral del cuerpo. El pie o la pierna será desviada con el antebrazo, mediante un movimiento lateral, desde fuera hacia adentro a la altura del abdomen.

Defensa desde adentro hacia afuera

Nuevamente la defensa se realizará con el antebrazo, pero esta vez desde adentro hacia afuera. Inmediatamente después de esquivar la patada, existe también la posibilidad de levantar la pierna del atacante usando la curva del codo. para hacer que éste pierda el equilibrio. En cualquier caso, una patada en los genitales debería completar la acción. Para asegurarse de que el atacante quede fuera de combate, ustede debe ejecutar golpes de puño en la nariz o en el mentón del agresor.

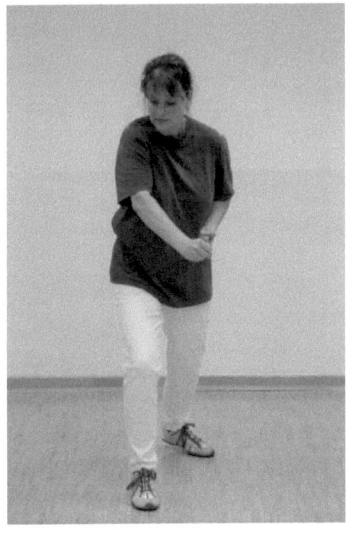
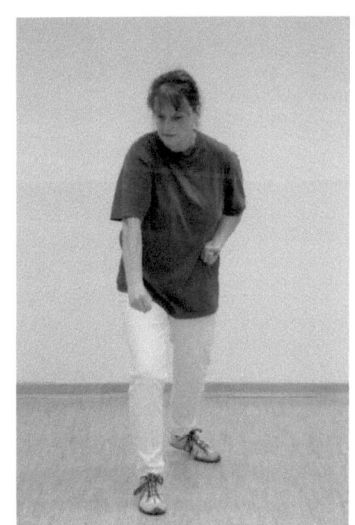

Defensa usando su pierna

La siguiente defensa requiere, por un lado, una cierta cantidad de práctica y, por otro lado, un ojo entrenado. La defensa de la patada no se realizará con su brazo, sino que con su propia pierna. La dificultad está en elegir el momento oportuno para ejecutar la defensa.

Se levanta la pierna a un ángulo de aproximadamente 90 grados y se dirige hacia afuera con un movimiento semicircular. Posteriormente se baja el pie al piso. Inmediatamente después, se ejecuta la patada obligatoria en el área genital del atacante. Como la distancia entre usted y el delincuente es corta, debe asegurarse también que el agresor quede fuera de combate, ejecutando más golpes de puño o codo y / o patadas adicionales.

Agradecimientos

Varios amigos y conocidos me han apoyado en la creación y realización de este libro con asesoramiento y ayuda.

Deseo expresar mi más sincero agradecimiento a:

Maribel Guzmán Neira
Por la traducción al español

Valerie Herrera
Por la traducción al inglés

Peter Denk
Por todos sus consejos e informaciones, por la correción del texto, la paciencia y su amplio conocimiento de informática con lo que me ayudó a menudo.

Detlef Sundermann
Por sus consejos e informaciones y por las fotos, incluyendo su edición.

Birgit Tron
Por todos sus consejos y sugerencias.

Dedico un agradecimiento muy especial a mi esposa Marion, quien se puso a disposición como la defensora en las fotos, por la revisión del texto y su infinita paciencia.

Sin vuestra ayuda, no habría sido posible la producción de este libro.
Ustedes son unos verdaderos profesionales. Muchas gracias.

Contacto con el autor

El que desee contactarse con Jens Müller, ya sea para consejos, sugerencias, elogios o críticas constructivas, pueden escribir a los siguientes correos electrónicos:

Hajime-Selbstverteidigung@gmx.de
(preferiblemente contactar aquí)

Para tomar notas